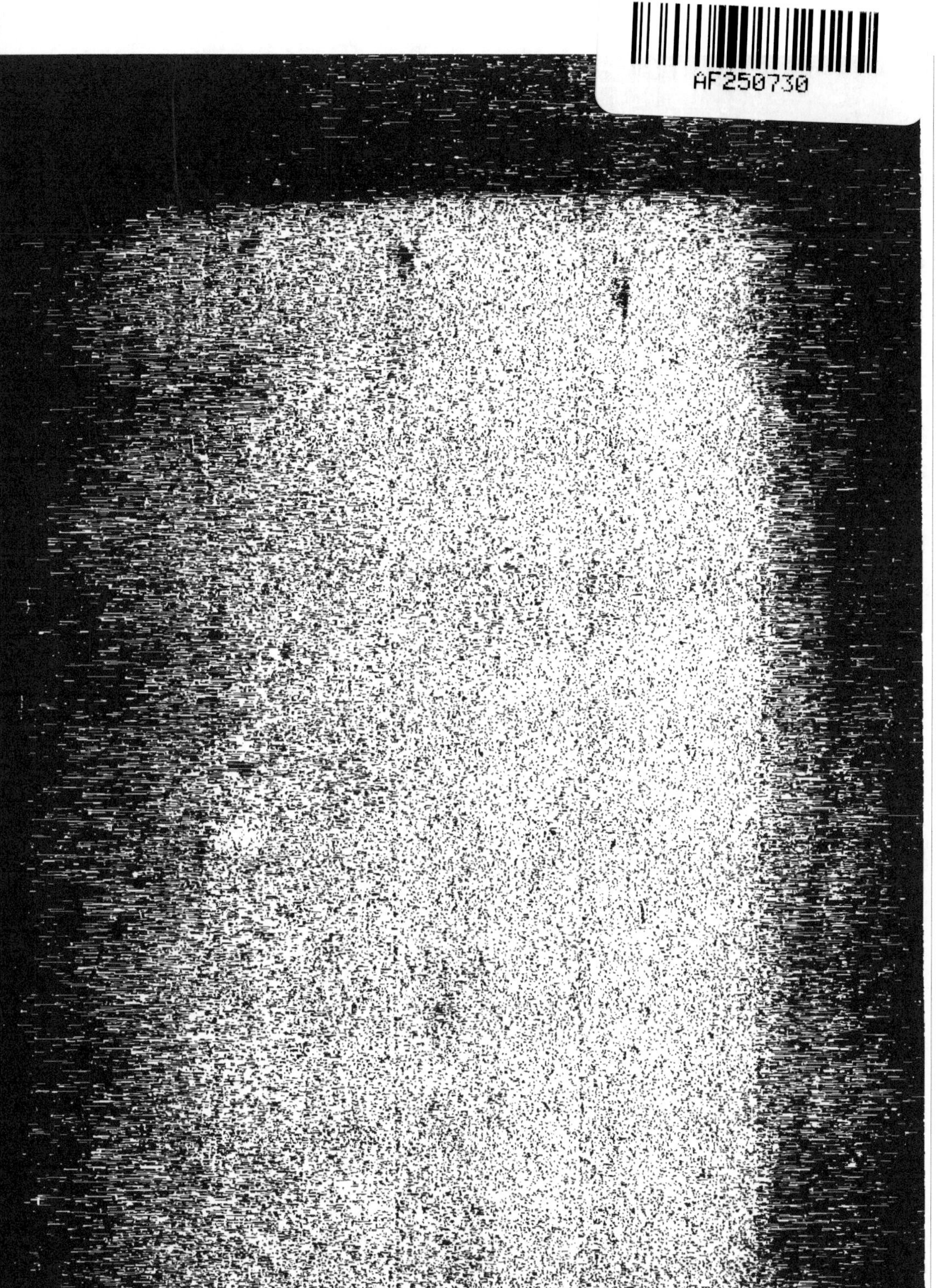

TOAST

PORTÉ

PAR M. LE PRÉSIDENT E. LUCE

AU BANQUET

OFFERT

PAR LA COMPAGNIE DES AVOUÉS DE MARSEILLE

A Mᵉ A. BERTHOU, son doyen

Pour l'anniversaire de la cinquantième année de sa postulation

24 Juin 1818 — 24 Juin 1868

MARSEILLE

TYP. ET LITH. BARLATIER-FEISSAT PÈRE ET FILS

RUE VENTURE, 19

1868

Messieurs, je parle en vers, chétive nourriture ;
J'en conviens, mais je crois l'estomac satisfait ;
La gaîté mousse !! allons, le moment est parfait,
Et je laisse courir mes vers à l'aventure.

—

Mais on ne dira pas qu'ils vont je ne sais où,
Car je les vois plonger sur mon ami Berthou.

—

Pourtant, en, débutant un scrupule m'arrête :
Si j'allais attirer la foudre sur ma tête !
Nous sommes assez peu pour garder un secret ;
Si quelqu'un cependant voulait être indiscret

Que m'importe? il peut bien en écrire au ministre.

Eh ! que sait-on ? peut-être on lui ferait plaisir,

Car c'est de sa bonté que je tiens ce loisir.

Pour mon délit (1), Crépon se laissera fléchir.

Dans mon cas je ne vois donc rien de bien sinistre.

—

Quoique l'âge déjà m'ait fait trois fois majeur,

Je reconnais Berthou pour mon *supérieur*.

C'est un bien grand pouvoir qu'une honnête vieillesse,

Car on peut devant lui s'incliner sans faiblesse !

C'est notre chef ce soir, c'est le roi du festin !

Laissez-moi profiter de sa courte puissance

Pour le louer sans nuire à mon indépendance :

Son pouvoir acclamé s'effacera demain.

(1) M. Crépon, Procureur Impérial.

—

C'est en quatre-vingt-six que le ciel le fit naître,

Et qu'il fut ici-bas sommé de comparaître.

J'ai conservé *l'exploit* : je vais dire comment,

En quels termes était conçu l'ajournement.

Dieu formulait très bien l'objet de sa demande,

De ses divers moyens faisait un exposé

Clair, rapide, sommaire et bien analysé,

Enfin, ce que la loi pour les exploits commande.

Le voici.—Tout d'abord, vous serez avoué ;

Au juste, au bon, au vrai vous serez dévoué.

La mission sans doute est grave, mais en somme

Une chose suffit : de rester honnête homme.

Je veux que vous soyez pour tous plein de bonté,

Pour le pauvre, avant tout, rempli de charité,

Pur, désintéressé, droit et sans artifice ;

Vous ne préparerez les arrêts de justice

Qu'en restant dans le droit et dans la vérité ;

Mais au-dessus de tout, même de la science,

Il faut interroger, il faut toujours ouvrir

Ce livre précieux qui doit tout contenir,

Guide toujours sincère et sûr : la conscience.

Voilà ce qu'à Berthou disait le demandeur.

Eh bien ! ne croyez pas que dans ces circonstances

Il ait à la demande opposé des défenses.

Eh non ! il oublia qu'il était défendeur ;

Il prit port..... et bientôt l'affaire transigée,

Et ce que Dieu voulut devint chose jugée :

Il sut très dignement accomplir son mandat,

Et Berthou fut toujours un honnête avocat.

—

Je voudrais rappeler ces hommes d'un autre âge,

Ces anciens avoués de pur et bon renom ;

Mais plusieurs parmi vous portent encore leur nom.

Je me tais : à Berthou l'éloge sans partage.

—

Des succès de Berthou savez-vous le secret,

Messieurs ? Il fut toujours homme de cabinet.

Il n'apprit pas le droit en parcourant le monde.

Dans son étude il sut placer sa mappemonde.

Maison et cabinet, cabinet et maison,

Il n'a guères plus vu que ce double horizon ;

Mais là..... pour le client sévère exactitude,

Examen attentif, conseil sage et prudent,

L'esprit dans les dossiers, un travail incessant,

Sauf la bastide un jour, incrusté dans l'étude.

—

Cinq codes suffisaient alors à nos besoins ;

On en fait tous les jours de nouveaux : néanmoins,

Entre nous, franchement, tout bas je vous consulte,

En est-on plus savant? meilleur jurisconsulte?

Cinq codes pour gagner ou pour perdre un procès :

Décidément je crois que c'était bien assez.......

Sur ce point là, je suis ennemi du progrès.

Je dis qu'il ne faut pas que tout se modifie,

Qu'on réglemente tout, que tout se codifie.

L'ami Berthou ni moi, ne sommes pas contents :

Des cinq codes tous deux nous regrettons le temps.

—

La parole autrefois, simple, sans apparat,

Surtout lorsqu'on touchait la barre consulaire,

A la science seule empruntait son éclat,

Sous le jurisconsulte on cachait l'avocat ;

La phraséologie...... on n'en avait que faire,

Du droit beaucoup.... et puis on savait son affaire,

Et pour la bien savoir on était patient,

Et l'on savait par cœur, quel qu'il fût, son client.

Sans doute bien souvent le client dans l'étude,

Par sa longue visite ennuyait le patron :

Mais on croyait alors qu'il était bon, très bon,

De connaître les faits avec exactitude,

Et l'on se soumettait à cette servitude.

Eh ! mon Dieu ! je sais bien qu'un client ennuyeux

Est une rude croix à porter...... mais que faire ?

Il faut bien une croix à chacun sur la terre,

Les clients *bien reçus* pourront, faute de mieux,

Vous faire pardonner et vous ouvrir les cieux.

Berthou fut un de ceux dont la forte science,
En droit commercial faisait jurisprudence.
Par mon père souvent je l'entendais citer,
Et c'était un de ceux qu'il voulait consulter.
Ce qui l'a distingué c'est un esprit lucide,
Une droite raison, un jugement solide.
Aussi lorsqu'il prenait — il en a pris souvent —
Des jugements-défaut.... jamais le Président
N'a pu dire de lui : défaut de jugement !

—

Pourtant, quoiqu'à regret, il faut que je décoche
Sur notre bon doyen un très grave reproche.
Ce n'est pas calomnie...... hélas ! c'est vérité,
Et je vais l'exposer avec sincérité.

—

Aux avis de ses pairs facile à condescendre,
Berthou veut, et c'est juste, une conviction ;
Mais ce que vous aurez de la peine à comprendre,
C'est que cet homme bon, juste, sans passion,
A souvent, très souvent, fait *opposition*.

Je l'entends qui me dit : mais elle est dans le code.

La réponse est facile, et le moyen commode.

Dans le code, très bien : mais voyons, les délits,

Les crimes ne sont-ils pas dans le code écrits ?

Est-ce que vous vous croiriez permis de les commettre ?

Vous vous êtes donc fait opposant, mon cher maître.

Opposant c'est très grave..... au Palais toutefois

L'opposition ne peut se faire qu'*une fois.*

Une fois..... Pardonnons; c'est de la fantaisie,

Et qui ne l'a pas fait une fois dans sa vie?

—

Dans l'arrondissement qu'on appelle le Ciel,

Il est, vous le savez, un immense registre

Où le nom, quel qu'il soit, du plus simple mortel

Au bureau d'inscription se donne et s'enregistre,

Et se biffe plus tard d'une façon sinistre.

A Berthou voulez-vous éviter un malheur ?

Demandez humblement que votre serviteur

Soit de ce bureau là nommé conservateur.

Si Dieu, des avoués exauce la demande,

Lorsque du bon doyen arrivera le tour,

Je prends l'engagement, aux risques d'une amende,

De ne pas clôturer le registre, ce jour;

Et nous ouvrons ainsi d'une façon nouvelle

Pour notre bon doyen une chance immortelle.

—

Pour formuler pourtant des vœux moins compromis,

Prions pour prolonger ses belles destinées,

Et que Dieu secondant les vœux de ses amis

Au nombre de mes vers mesure ses années.

—

Aux vers, dès ce soir même, il me faut dire adieu.

Que voulez-vous ? j'étais sur ce point fort tranquille,

Lorsqu'à mon grand regret j'ai lu dans certain lieu

C'est la langue des Dieux.... ou bien d'un imbécille.

Mon choix entre les deux n'est pas très difficile.

Je me retire..... car je ne suis pas un dieu

Et pour être le reste..... eh bien ! c'est inutile,

—

Mais en nous séparant je serais incivil,

Si je ne disais pas un mot au tir civil.

Il nous fait les honneurs de son charmant domaine :

Puisse-t-il célébrer un jour sa cinquantaine !

Encourageons le tir, c'est français..... l'avocat

Doit lui-même au besoin savoir être soldat.

Mais pour Berthou, pour moi, dont la main est débile

Je demande une chose, hélas ! bien difficile :

Qu'on ne nous prenne pas pour la garde mobile.

Ce toast poétique et charmant, fréquemment interrompu par les marques d'approbation des convives, a été couvert d'applaudissements unanimes, justement mérités.

Il a terminé dignement cette belle fête, que la Compagnie des avoués a eu l'heureuse pensée d'offrir à M. A. Berthou, son vénérable doyen, et qui laissera un durable souvenir au cœur de ceux qui ont eu la bonne fortune d'y assister.